JN436462

창조문학대표시인선· 272

불타는 광야

최임선 제3시집

창조문학사

□ 작가의 말

이민생활 45년
이스라엘 민족들이 오로지 여호와를 부르짖으며
40년 광야를 헤매며 살았던 그들처럼
주님이 주신 불타는 십자가를 등에 지고 살았다.
이것은 너의 십자가니 참고 살아라.
어머님의 마지막 유언이 가슴에 문신으로 박혀
40년 동안 아프게 출렁이며 살았다.
자식들이 버팀목이 되 주어
기도하며 세월의 파도에 밀려갔다 밀려오고
늘 아픈 가슴으로 시를 썼다.
세월이 가면서 캠퍼스에 그림들도 남기고
숨 막히는 생활 속에 하나님께서 꼽아주신 산소 통로
깊은 강, 정신 병동, 불타는 광야
탄생한 시집들을 바라보며
갚을 수 없는 하나님의 사랑을 졸필로
표현한 불타는 광야
많은 분들의 귀감이 되는 신앙 시집이 되기를 기원 드리면서
내 영혼을 뚫고 올라오는 깊은 감사 찬송 영광을 올려 드리옵니다.

- 3월 2020년

뉴욕에서 최 임 선

불타는 광야

최임선 제3시집

| 차 례 |

1부 성시

2부 **성화**

3부 정신병동

4부 계절

5부 그리움

1부
성시

모세의 기적(Miracles of Moses)
(*Exodus* 14:21-22, 22x28, oil)

광야 이민 45년

그냥 지나가는 바람이 아니다
흔드는 바람은 한마디하고 싶은 것이다
산비탈에서 굴러온 바람은
묵혀둔 숲의 노래를 부르고 싶은 것이다
칼바람은 길을 잃고 아픈 것이다
큰바람은 제 몸 뜯어 태우고 싶은 것이다
실바람은 마르고 닳도록 쓰다듬고 싶은 것이다
호수에 파랑을 일으킨 바람은
눈물 적시고 다녀간 자리다
바람 머무는 자리가
내 몸 뿐이랴
언제나 머물고 싶은 자리에 바람이 있다
바람에게 말 걸고
커피 사주고 싶다

4, 14 윈도우 뉴욕 컨퍼런스

밤마다
거대한 물결의 파도가
참석자들의 얼굴과 얼굴에 묻히어
우루루 우레와 같은
성령의 소리에 눌리어 깬다

1월부터 빠져나간
우리들의 통곡의 기도소리가
91개국에서 오신 1200여 4, 14 사역자님들
컨퍼런스 시간 시간마다
불기둥을 이루고

하늘문이 열리고
천군 천사들이 성전 벽에 천정에
아름다운 꽃 장식 테이블 마다
2300여 성도님들의 봉사 손길
우리들은 날아다녔다
천사들과 함께

밤마다 성령의 손길이
아픈 소리 내는 손가락 허리 목뼈
눌러 주시며 말씀 하신다

"수고 했어 네 상급이 크도다".
할렐루야!
모든 것 이루어주신 하나님
참 감사합니다.

프러미스 온두라스 어린이 교회 준공식 날에

마야의 돌로 장식 된
성전 벽을 만지니
물컹물컹
하나님의 심장을 만지 듯
벌떡 벌떡 뛰고 있다.

새벽 마다 빠져 나간
내 영혼의 눈물이
이 곳에 모여
강물을 이루고

성령의 강물 속에서
즐겁게 율동하고 찬양하는
천 사백 이십 여명의
온두라스 어린이들

성전 뒷벽에 장식된
금판의 천사들도 나와
함께 춤을 춘다.

오직 하나님께서 이루어주신
기적의 성전벽에

입술을 대니
기쁨으로 가슴이 아려 온다

이 현장이
4/14 윈도우 18억 5천만 어린이 선교를 위한
임마누엘 성전이 되어 지도록
기도드린다.

-1/14/2014

부활절 금식

나의 손가락을 찍는다.
피 흘림과 아픔이 뼈를 가르며
바쳐지는 물질 위로 떨어진다

자식들 앞에서도 울을 수 없던
속울음이 목에 걸려

나를 찢는
통렬한 아픔으로
보석처럼 반짝이며 바쳐지는

하나님을 향한
투명한 사랑의 빛

아프리카 우물물은
그렇게 바쳐지고 있다

금식

금식 3 일을 하면
나의 십자가가 가벼워진다

금식 3 일 두 번 하면
나의 십자가가 예뻐 보인다

금식 3 일 네 번 째
이제 나의 십자가는 남의 밥이다

십자가는 고통이 아니라
나누어 주는 밥이다

나를 던져 밥을 나누어 주며 전도해야 한다
복음의 지상 명령
나를 부인 하고 십자가를 지고
전도해야 한다

통회

제가 많이 울어 버릴 것 같아 두렵습니다.
왜 진작
주님의 마음을 읽지 못했을까

나의 욕심 때문에
너무 오랜 세월

주님 곁에서
주님 목소리 듣기 까지
세상을 돌고 돌아
손마디가 굽고
무릎 뼈가 녹아내리는
지금

새벽 문빗장을 열고
주님
나의 손목을 붙드시네

절대 감사 찬송

운명의 수레바퀴 속 남은 날의 생명을
불 타 없어질 일상의 소망들

40 년 광야 같은 이민 생활의 속울음을
뼈를 가르는 아픔의 세월들

죽음의 절망 속에서 건져 주신 감사를
바울처럼 감사함으로 터질 듯한 죄인의 가슴을
깊어져만 가는 피 끓는 사랑을
불타는 나의 눈물샘에 담아
아프리카 우물물로 솟아 나오게 하시니
진정 감사 찬송 올리나이다

일상의 진액을 짜내어
해마다 우물물이 솟는 소명을 주시니
절대 감사
찬송 올리나이다.

쇠 켈 라(영광)

큰 돈 보따리들과 무거운 티켓 보따리들을
여러 목사님들이 계신 쪽으로 끌고 가면서
쇠 켈 라 소리를 지르다 꿈에서 깨어났다

멕시코 축구 선교를 위해
1불의 티켓으로 한 영혼 구원
성도님들이 티켓을 사들이고 있는 즈음
금식으로 시작 된 50여일의 새벽 기도
집 팔리기 며칠 앞두고 꾼 꿈이다

아프리카 탄자니아에 10개의 우물물을 품기를 소원 하면서
부르짖고 기도 한 것 모두 이루어 주시고

나의 일생의 소망은
이제 하나로 단축 되어
쇠 켈 라 만을 위해
바쳐 지는 삶이 될 것을 다짐 해 본다
천국 올라 갈 때 까지....

사순절 통회기도

불꽃 같이 타 올랐다
사라지는 인생 길

태워도 태워지지 않는 욕심 덩어리
먼지 같이 남아
통회의 기도 올립니다

병든 자를 긍휼히 볼 줄 알며
마땅히 사랑 할 자를 사랑 할 줄 알며
원수도 사랑 할 줄 아는

예수의 제자 되는 길
골고다 언덕 십자가를 지고
한 발짝 한 발짝 따라 올라 갈 때
벗겨지는 어둠의 껍질
옥합을 깨뜨려 주님 발아래
주님 다시 오시는 날
아름다운 향기 되어
들려올라 가리라

나의 고백

하나님의 아픈 손가락
탄자니아 우물물
충심을 다해 해마다 올려 드리겠습니다

우물물이 변하여 성령물이 되고
마시는 자 마다
성령 받고 변화 되어
주를 믿는 자 되며

다메섹 선상
사울의 눈에 껍질을 벗겨 주시며
바울이라 칭하시어 죽을 때 까지
험한 사도의 길을 걷게 하신
능력의 하나님

나의 나 된 것은 오로지 하나님께로 왔사오니
죽을 때 까지 충성 할 것을
이 죄인의 괴수가
전능 하신 하나님을
찬송 경배 올리나이다

'보고타'를 향하여

-비행기 안에서-

새벽마다 내리는 만나를 먹고
맑아진 영의 눈을 가지고
선교를 나간다

나는 매일 황금 길을 닦으며
조금씩 조금씩 천성 길로 나아가고 있다

나의 모든 꿈의 잎사귀들을
하나씩 떼어
선교지에 뿌리고 올 것이다.

매해 거듭 되는 선교지를 향해
초라해지는 육신을 뉘일
관을 짜고 있다.
5ft 2inch다

그 분의 칭찬을 진정으로 사모하며
그 분이 원하시는 삶을 살아드리고
그 분 곁으로 가는 것이
꿈이기에...

세 개의 못

세 개의 못
매달 첫째 주
성찬식 때 쓰여 지는
나를 못 박기 위한 못

젊을 때는 삼일 금식을 해야
들어가던 못
들어 간 만큼 아팠던
35년의 세월

못 박힌 그 이튿날은
온 몸이 가볍고
눈물도 달다
미완성인 복음의 숙제가
눈을 돌릴 때마다
여기저기 산적해 있고

이제
새털처럼 가볍게
모든 것 내려놓고 비우고
떠날 날이 가까워 오는데
어깻죽지가 간지려 온다
날개가 돋으려나 보다

탄자니아 우물 선교

10월 다리 수술 후
우물 사역한 아프리카 탄자니아
어린이들 꿈을 꾸었다

우물 사진마다
어린이들 눈동자가 크게 박히고
천사의 날개 깃털들이 날아 와
하나씩 사진 위에 박히곤 하였다

하얀 이를 반짝이며
환히 웃고 있는
수 천 여명의 어린이들
날아다니던 눈동자들도
클로즈업되어
읍_하고 눈을 뜨니 꿈이었다

다리가 아프니 언제 다시 가 볼지
시원한 물줄기와 함께 환히 웃던
어린이들이 보고 싶다

절대축복

빠가 녹는 불같은 시험
모든 것이 녹아내리는
환란 뒤에 오는
숨겨 진 하나님의 비밀스런 축복

모든 서원 칼 같이 지켜 낸 후
절대 기도치 않고는
그 어느 것도 쟁취 할 수 없는

영광스런 영원한 나라
하늘나라의 비밀

꽃가루처럼
신기루의 빛을 타고 내리는
절대 축복
환상의 축복
내가 죽어 다시 볼
천국의 축복

긍휼의 하나님

약한 자를 들어 강한 자를
부끄럽게 하시는
신의 긍휼로 인해

40년 광야 같은 이민 생활
세월의 바닥을 네 번 치고
풀잎처럼 일어섰던
목숨의 끈질김을 본다

나는 강하고 부끄러운 자로다
상대의 약함에
세상 끈 하나 달아 주지 못하는

어께 두드리며
위로 하시는 하나님
기도 하면서 믿음의 밧줄
튼튼한 끈이 되어 보려 한다.

니카라구아에서

나는 보았다
주님의 아픔이
노란 연기로
깊고 넓은 화산구 밑에서
꾸역꾸역 올라오는 것을

참고 계시는 거야
우리를 향한 슬픔이
노랗게 변하도록
마알간 눈물방울이
화산구 아래로 떨어 졌다

주님의 아픔과 내 눈물이 만나
가슴 속을 노란 연기되어
헤집고 돌아다니네

일행들은 하나님의 노란 연기의 아픔을 뒤로 하고
치즈하고 사진을 찍었네
그 사진을 보면 지금도
꾸역꾸역 노란 연기가
가슴 속에서 피어올라온다

마음비우기

이만큼 살았어도
희미하게 보이지 않던
천국 계단이 하나 둘 씩 보인다

계단을 하나 오를 때마다
무엇이든 하나 씩 버려야
또 한 계단이 열린다

움켜쥐었던 삶의 욕심
매일 하나씩 버리고
한 계단 씩 오른다
비우기 작전이 시작 됐다

영원히 만날 수 없는
천국 계단으로 올라가기 위해
한 겨울 알몸으로 서서
모진 목숨 견디어 내는
겨울 나목이 된다.

탄자니아

빅토리아 호수에
의료선 살림호로
많은 자들의 영, 육을 치료하고 계시는
긍휼의 하나님

만 삼천 개의 쏠라 램프로
밤을 밝히며 복음서를 읽는
램프 빛보다 더 밝게 빛나는
수 만개의 눈동자

기적 같은 일곱 개의 우물물 앞에서
기쁨을 감추지 못하는
어린이들의 천진한 모습
마실 물이 없어 절박 했던
저들의 삶의 아픔이
프로미스 교인들 가슴에 박혀

이 모든 것 이루어 주신 하나님께
감사 영광 찬송을 올려 드리나이다

파라

은혜의 샘물을 파라
성령의 샘물을 파라
기도의 샘물을 파라

끓어오르는 통곡의 샘물을 파라
순종의 샘물을 파라

샘물을 채우시는
하나님의 은혜를

체험 할 것이다

기도

내 속에 생명의 생수가 솟아 나오고
나의 영혼 터치 하여 주소서
저의 죄를 용서 하옵시고
저를 깨워 주시고
저를 사용 하여 주소서

세상에 나가 나누는 기쁨으로
아프리카 탄자니아 우물물의 소명을 주시고
시작은 미약 하였으나 나중은 창대 하리라
말씀을 믿고 달려갑니다

물이 없어 갈급한 저들의
육의 양식 영의 양식
성령의 물을 공급하기 위해

매일 새벽을 깨우며
뜨거운 마음을 성령의 도구로
기도로 올려 드립니다.

선교기도

어느 날 새벽 기도 때
머리를 딱 치시는 주의 말씀
오지에 나가 교회를 지어라

그 후 오 개월 저녁 금식으로
5가구 집을 팔고
10만불을 교회에 봉헌 했다

새벽 기도 때 마다
십자가로 찢어지는 깊은 기쁨의 눈물 때문에
가슴을 붙들고
오래 동안 통곡의 눈물을 자제하기 힘들었다

믿음 없던 죄인을
20년간 정신병동서 훈련시키시고
가난하고 병든 자들을 긍휼히 보는 눈을 주시어
우물물 소명을 주시고
기도로 성령님을 섬기게 하시니
오 할렐루야
감사 찬송 영광을
하나님께 올려 드립니다.

우물 선교

탄자니아 시내서 두 시간
흙먼지 이는 비포장도로를 지나
1920년 고국 강산을 연상케 하는 양철 지붕
창문 대신 구멍이 뚫어 진 가교들이
띄엄띄엄 있고
가운데 우물물이 세워져 있다

21개의 우물물
초등학교 학생들
1 만여 개의 검은 눈동자들이
선교 팀들을 신기 한 듯 바라보며
순진하게 미소 지으며 몰려든다
감사합니다 아싼테
너무 감사 합니다. 아싼테 싸나

하늘을 바라보니 구름 한 점 없는
높고 푸른 하늘이 뿌옇게 내려앉는다
눈물이 수돗물처럼
내 볼을 타고 흘러내린다

하나님께서 하신 일 중
최고 잘 하신 일

감사 찬송이
가슴 속에서 터져 나와 울려 퍼진다.

세상

세상을 향하여
세상과 더불어
세상을 쪼개어
세상을 던져 본다

세상이 무너지듯
세상 밑바닥에서
세상을 기어 올라가 본다

오 주여
저를 건지소서
저를 버리지 마소서
저를 끌어 올려 주소서

저는 죄인입니다
저를 불쌍히 보소서
저를 구원 하소서
저는 하나님을 사모하는
어린 양이옵니다.
아멘
할렐루야.

오지를 향해

오늘도 새벽길을 연다
새벽안개 저 멀리 보이는
오지의 길 천박한 땅
신발도 없이 아이들이 바닥에 앉아
먹을 것과 물을 호소한다

내 눈에 척박한 땅을 보이시기 위해
세상 쪽으로 머리를 둔 채
이민 광야를 헤매게 하셨는가

모든 단어든이 바다올 치고 뛰어 오든나
멸시 좌절 절망 가난 자살 우울증
자식들 놓고 죽을 수도 없었던
피 눈물의 세월
죽음도 사치
배움 지식 잘나감과 부도 사치

주름살 사이로
오지의 어린이들이
눈에 밟힌다.

훈드라스 의료선교

전기도 물도 없는 열악한
마을 세군데서 의료 선교를 하였다

큰 눈망울의 어린이
랄리팝 사탕을 꼭 쥐고
빤히 바라본다

땀에 젖은 고사리 손을 붙잡고
올라, 꼬모스타
기도를 해준다

가슴 속에 긍휼과 사랑이
수많은 거미줄을 친다

해마다 보는 빨간 양철 지붕의
앤듀르 크리닉
따가운 햇빛에 더 뜨겁게 들끓는다

감사 찬송

남은 날의 생명을
모든 일상의 소명을
죽음의 절망 속에서
건져 주신 감사를
뼈를 가르는 절박한 아픔의 세월을
바울처럼 감사함으로 터질 듯한 죄인의 가슴을
피 끓는 사랑을
깊어만 가는 나의 눈물샘에 담아
생활의 진액을 짜내어
해마다 아프리카 우물물로
솟아 나오게 하시오니
절대 감사 찬송 올리나이다.

성령 치유

맺힌 매듭 하나하나
풀어 나가고 있습니다
들키고 싶지 않은
마음 구석구석
성령의 빛이 들어가
치유되길 원 합니다
세포 하나하나
분해시켜 나가고 있습니다
주님의 눈은
신령한 눈을 갖고 계시니
변화되길 원합니다
성령 치유되길 원합니다.

새 생명의 감사

새벽 마다
죽음의 골짜기에서 건져 주신
하나님 사랑에 감사를 올려 드립니다

아프리카를 향한 주님의 아픈 손가락
불타는 사랑이 담긴 눈으로 저들을 바라보게 하소서

생명의 생수를 마시고 생명을 연장하는 저들이
예수님을 알게 하시고
자라서 예수님의 군병 되게 하소서

생명을 주심은
예수님을 위한
복음의 통로
축복의 통로
세상을 위해 빛과 소금이 되라는
주님의 지상 명령이 아니 신지요.

깃털

세상과 싸우다
세상 문지방에서
세상 것 다 내려놓으며
세상을 이기는 법 깨닫는다

뼈 속을 갈아 먹던 가난
온 몸을 불태우던 욕망
빈속으로 방안에 들어가서
세상 문 닫는다

무릎 꿇고
새 하늘 열리기를
열반의 기도
바닥 치며 올라서는 영혼의 문신
하늘로 뻗은 계단을 오른다

내 영혼을 흔드는
희미한 찬송 소리가
점점 더 커 지며
살갗을 파고 들어가
하얀 깃털이 된다
내 살결에 새싹 돋듯
깃털이 돋는다.

여호와는 나의 목자

삶은 아픔의 연속이다
삶의 아픔은
내가 죽어도
네가 살지 못함이다

내가 죽고 네가 산다면
과연 하늘나라를 볼 수 있을까

나의 지혜와 강함과 잘남이
하늘 아래 모두 부끄러운 행진의 연속 이었을 뿐

이제와 남는 건
늘 푸른 초장으로 인도 하시는 여호와의 지혜와
약속으로 출렁이는 뜨거운 가슴과
삐걱 거리는 무릎과
나를 지탱하는 지팡이다.

입관신앙 1

매해 입관 신앙으로 거듭 태어나며
생명 연장은 하나님께 있으며
살아가는 우리의 수고가
들의 풀이나 꽃과 같지 아니하고
영원한 나라에 있음을 깨닫는다

매해 첫 달은 금식으로
세상 것 다 내려놓고
건강과 생명 연장을 감사드리며
경배 찬송으로 새벽을 연다

모든 선교 주의 뜻 안에서 이루어 주심과
주님의 아픈 손가락
마실 물이 없어 누런 꾸정물을 마시는
탄자니아 어린이들

우물물이 품어 지는 곳 곳 마다
천사들을 미리 보내시어
예수님의 생명의 생수가 품어져 나오고
영과 육의 갈증이 해결 되는
기적의 복음 우물물이
많이 품어지길 소원 합니다

입관신앙 2

오늘의 생명은 하루 더 일찍 소멸 되어 지고
생명이 있을 동안
늘 새벽을 깨우며
눈물로 기도 올려 드립니다

통곡의 강을 건너
죽음의 강도 건너
생명의 강가로 인도 하신 하나님
감사 경배 올리며.

부디
육신의 갈증을 해소하는 아프리카 우물물이
영혼의 갈증도 해소하는 복음의 우물물 되게 하소서

천사들을 미리 보내사
그들의 머리를 안수 하시어
영혼 축복 주실 것을
감사 찬송 올리나이다.

10만불

1990년
나를 목 졸라 죽이려던
잃어버린 10만불
너를 용서하고
기억 속에서 날려 보낸지
23년 만에 네가 나를
영화롭게 살리고 있는 현실을 본다

무섭게 달라붙던 가난
마음의 껍질을 벗어 버리기 위해
손마디가 굽고 무릎 뼈가 녹아내리고

십자가로 접혀지는 긴 세월을 지나
주님 목소리 듣기 까지
세월을 돌고 돌아

지금
새벽 문빗장을 열고
주님은 나의 손목을 붙드시네_

그때 그 이후

202동 208호
기억조차 싫은 서울 주소
딸이 3살 때 생살을 도려내던 이별
예수님께서 살이 찢기셨던 그 아픔
기억에서 지워버린 지 오랜 지금
딸이 가끔 기억해 내며
그것이 유일한 조국에 대한 추억이라고
마지막 피 한 방울까지
아버지 뜻대로 순종하신 예수님
그때는 라면을 매일 먹었다고
이젠 자기도 라면을 잘 끓인다고
웃으면서 이야기 할 때 마다
사자굴 속에서도 살아남았던 다니엘의 신앙
목숨을 버리시면서 우리들을 사랑하신
예수님을 생각 한다
엄마 보고 싶어 매일 울었던 기억을 하고 있는
우리 아들딸은
죽음에서 나를 끌어 올렸던
신이 보내 주신 천사들
하나님께서 생명을 잉태 할 수 있는 특별 은총을
여자에게 주시고 그 생명을 목숨같이 지킬 수 있는
인내와 끈질김을 함께 주셨으니

이민 땅에 뿌리 내리기 까지
크신 하나님의 축복을 늘 감사 올리나이다

환란 뒤에 오는 축복

모든 환란은
축복을 주시기 위한 시험이다

예수님 모시기 보다 더 어려웠던 당신
이제는 예수님처럼
예수님 같이
예수님 되어
나와 동행 하시고

가슴은 늘 무너진 채로
드리는 나의 기도는
하늘 바닥을 치고도 남아
강산이 4번 변하는 40년 세월
모든 환란 시험 이기니
천성 가는 길 환히 보이네

하늘의 영광
하늘의 영광
내 가슴 속에 울려 퍼지며
할렐루야를 힘차게 불러 본다

2부
성화

천군천사(Army of Angels)
(*Hebrews* 12:22, 24x36, oil)

성화 1

그 욕망과 열정의 13년
주님이 모두 이루어 주셨네

옥합을 깨뜨려 몸 바쳐
즐겁게 걸어 온 길
성화 열망의 나날들
때론 꿈으로 기도로
환상을 늘 보여 주시던 주님
내 손 붙드시고 이끌어 주시고

이제
성령의 붓 되어
그 사랑의 빚 갚고자

한 획 한 획
붓에서
불이 나네

성화전을 꿈꾸며

월삭 금식을 지나
모든 생활 속 가시 잘라 버리고
더 큰 세 개의 못으로
화판에 나를 못 박는다

욕심껏 성령 임재를 꿈꾸며
주님을 향한 크신 사랑을

지나간 허상의 세월을 회개하며
열심히 나를 화판에 못 박는다

성화는 그리는 것이 아니라
말씀으로 비추어 진
나를 못 박는 작업이다

우물 선교 성화전

불가마 속 에서
뜨겁게 달구어진
주님을 향한 열정으로
모두 나와 줄 서 있다

38개의 손가락들
서로 쳐다보는 눈들이 비장 하다
아프리카 우물물 품기 위해
먼저 팔려 나가 길 소원 하는 소리가
밑바닥에서 웅 웅 울리고 있는 성화 전시장

16년 겹겹의 정성을 쇼 윈도우 보듯 5분 안에 휙_
기도로 다져진 나의 작품들은
먼지를 일으키지 않는다

오로지 기쁨 속에서 영광을
목숨 바쳐 드릴 주님께
향기롭게 올려 드리기를
소원하는 마음뿐이다.

성화를 그리며

주님을 사모하며
온 마음으로 그려내는 그림은
나의 목숨이 지나 가는 자리입니다

주여
제게 생명을 주시고
사랑을 알게 하시고
걷어 가실 분도 주님이시오니

생명 끝 날 까지
찬란한 약속의 무지개 색깔로
주님의 사랑 그려 내게 하소서

이 어두운 세상
목숨 끝 태워 불 밝히 오리다
주여 나의 눈동자가 늘 주님을 닮아 가는
맑은 영혼이 되게 하소서.

성화 2

하얀 미지의 캔버스 앞에 서 있다
전투 할 태세
왼쪽은 빠렛 투구와
오른쪽은 붓이 기름에 섞여
내려치기만 기다리고 있다
언제나 그렇듯이 약간의 설레임과 흥분이 있다

붓이 드디어 캔버스를 종횡 한다
붓들이 제각기 찍어야 할
색깔들을 찍어
날렵하게 움직인다

이미 내 구상과 색깔은 물 건너가고
성령님께서 내 손을 붙들고 계신다

전혀 생각지 안은 붓의 터치와
상상을 초월한
주님의 작품이 나온다
나는 다만 내 손과 내 시간을 드렸을 뿐
주님께서 완성 하시는
성화.

그럼에도 불구하고

숨 막히고 도주 하고 싶은
일상의 굴레에서
숨 쉬며 살라고 긍휼히 여기시는
주의 손길

바닥 치며 올라서는
아침 이슬처럼
맑고 영롱한
시상을 주시고

근육 이완증으로 아픈 오른 팔을 들고
금요일 아침마다
4시간씩 서서

불춤 추는 붓을 들고
얍복 강가 천사와 싸워
환도 뼈가 부러진
축복의 야곱이 되어 봅니다

불 침 같은 환란의 날 넘어
내 가슴 속에 울려 퍼지는
하늘의 영광
나의 잔을 높이 듭니다
주여 채워 주소서

유년 시절

유년 시절
그 풍경 속으로 들어가
못다 울은 울음을 울려 한다

꿈이 자라서
세월을 가르고
시간을 넘어
가슴에 칼날 같이
무섭게 일어서는 것을 보네

슬펐던 목숨의 세월들이
잃어버린 생활의 무덤들이
소리 없는 아우성의 단절
피 울음만 찍혀 나오고
아름다웠던 그 옛날을
다시 그릴 수가 없구나

지금 나는
캔버스의 흰 색깔에 빨려 들어가
그리웠던 풍경 속의
옛 거리를 걷고 있다.

3부
정신병동

천국계단(Stairway to Heaven)
(*Revelation* 22:14, 20x30, oil)

정신병동

오늘 밤
이 정글을 통과 하기위해
얼마만의 주사약과 알약이 필요할까

대낮엔 약도 식사도 거절하고 잠만 자다가
밤만 되면 이방 저 방 날뛰는 표범
밤만 되면 소리가 귀에서 계속 들린다 하여
이상한 질문을 계속하며 혼자 중얼 거리고
히죽 히죽 웃고 돌아다니는 원숭이
귀에다 워커맨 꼽고 남자 친구가 계속 전화 한다고
잠도 안자고 복도를 돌아다니는 고양이
주사 놓는데 뒷발로 걷어차는 야생말
어제 밤은 약은 안 먹고 주스를 내 얼굴에 끼얹고
욕지거리 하며 금방이라도 칠 듯이 덤벼들던 악어
결국 도움이들과 주사를 좇았지만

하룻밤 이 정글을 통과하여 동이 틀 때 까지
여기 저기 터지지 않고는 통과하기가 쉽지 않다

이제 20년
다만 속 끓이고 같이 터지며 견디는 것이다
부글부글 끓다보면 퇴원하게 되는

시원한 찌개도 만들어 지고
퇴원 하면서 감사하다는 알사탕도 던져 준다

하나님의 계획

20년 정신 병동을 퇴직 하면서
지나온 모든 길이
하나님께서 열어 주신
훈련의 길임을 깨닫게 된다

해를 넘길수록
신의 유기지대에 묶여 있는 저들을
긍휼과 불쌍히 보는
영의 눈을 뜨게 하시 옵고,

힘들었던 많은 밤 밤
밤사이 힘들게 주사를 주고
앉을 시간 없이 서성이다 온 날은
더 기쁜 감사 찬송을 드리며
눈물 흘렸던 날들이 얼마나 많았던가,

그들을 보며 아팠던 마음을
'시'로 달래며
말씀과 기도
생명의 복음으로 살아남게 되어
새벽 기도와 말씀 충만으로
선교의 소명 길을 걷게 되어
무한 감사 찬송을 올려 드립니다.

사랑의 십자가

너를 삼키자니 아프고
버리자니 안쓰럽고
삼키고 아픈 세월 지나

나를 매일 십자가에 못 박고
너를 바라 보아야하니
너는 나에게 사랑의 빚이로다

너는 매일 죽고
너는 매일 살아
사랑의 족쇄가 40년
진정한 나를 다시 보나니
보잘 것 없는 애벌레로다

나를 십자가에 못 박나니
못이 더 깊게 내 손목과 발목을 뚫고 나가
깊은 고통의 경지에 이르러
주님을 바라보는 기쁨에 이르게 하소서.

산소통로

시와 성화 작업은
나의 산소 통로
숨 막히는 현실 속에서
숨 쉬고 살라는 하나님의 배려이자 축복

운명의 지 선상의 아리아
고통을 통한 기쁨
높은 볼륨으로
살아가게 하시는
긍휼의 하나님 손길

새벽 제단에 기도드릴 때
말씀을 통해 비춰지는 성령의 조명을 사모하며
한 가닥 두 가닥 벗겨지는 세상 껍질

천국 문을 향한 나의 소망과 기쁨
모든 것은 하나님께서 주신 축복
살아 있는 동안 최선을 다해
아프리카 우물물의 나의 소명과
뜨거운 가슴과 사랑을 올려 드린다.

4부

계절

재림하시는 예수님(Jesus is Coming Back)
(*Revelation* 19:11, 36x60, oil)

봄날에 비친 자화상

꽃이 핀다
꽃마다 벌꿀들이 날아들고
끈적한 고독을 빨아
육각형 벌꿀 통에 쌓아 놓는다.

끈적한 고독을 보약처럼 마시는 사람들을 위해
꽃대롱은 비워지고
그것을 위해 꽃은 피고 지고

이 찬란한 봄날
기다림의 출렁임도 없고
기다림의 색깔도 없는

어느 봄날의
슬픈 자화상

꽃향기

그대를 바라 볼 때마다
수 없는 이름 모를 꽃들이
꽃향기 가득 하늘을 수놓고

그대가 눈을 돌릴 땐
꽃들은 낙화 되어 시들고
꽃 무덤을 만든다

그대와 나 사이엔
건너지 못하는 꽃밭의 물결이
향기만 서로 건네 줄뿐
그대 생각 할 때 마다
신생의 나뭇잎들이 돋고
나뭇가지들이 하늘로 뻗어 간다

세월을 잊고 사는 동안
애증의 낙엽들이 쌓여
메마른 가을 숲을 이룬다.

가을바람

애초에 시작도 끝도 없는
앞이 안 보이는 횡사 바람

아침 이슬 대롱대롱 매달려 있는
풀잎 사이 후비고 다니며 모두 떨어트리고
휭 떠나는 동네 개구쟁이 바람
나뭇잎들의 속삭임마저 모두 땅에 눕히고
문풍지 서럽게 울어대는 한 맺힌 바람

눈 코 귀 색깔도 없는
각색의 가을바람은
세월을 밀치고
늘 앞장 서 간다

가을 정기 깊어 가는 가을
둥근 가을바람에
마음이 베인다.

가을 비

가을 비 바람이 세차게 분다
비바람 속 쫓긴 낙엽들
막다른 골목 길 중심 잃고 서 있는
내 몸에 찰싹 달라붙는다
하나 둘 셋 순식간에
난 낙엽에 쌓여 낙엽더미가 된다

바람이 세게 불 때 마다 가늘게 떨고 있는 낙엽
내 몸도 가늘게 떨기 시작 한다

아!
이 불쌍한 것들
어떻게 떼어 버리나
내 가슴이 활활 타서 불 태워 지던가,
자연스레 떠나보내는 눈 먼 강물이 되던가

비바람들이 내 살과 뼈 속을 헤집고 다닌다
떠나는 발걸음 재촉하는 가을 비
비바람 속으로 걸어 들어간다.

안개비

가을 숲은 젖어 있어 아름답다
풀 꽃잎 떨어진 숲 속
안개비가 걸어간다

코스모스 꽃밭을 지나
허리 굽은 갈대 밭
흩어진 꽃잎 이슬

깊은 강을 건너는
별들의 연정을 본다

시작도 없이
돌아 올 수도 없는
깊이를 모르는 깊은 강 속으로
가을 숲을 끌어안고
안개비가 젖어 든다.

눈

하늘의 침묵과
시간을 넘어
눈이 내린다

눈은
누울 곳을 찾지 못하여
공중분해 하여
애써 가꾸던
생활의 무덤가에 다달아
소리 없이 녹는다

눈은
바람의 울음과 탄식을 잠재우며
신경 줄 따라
뜨겁게 녹아내린다

유독 하얗게 덥혀 지지 않는 것
그리움 하나
나는 까만 씨앗으로 남아
다시 태어나는 바람이 되련다.

샛강

올 겨울 유달리 퍼 붓는 눈발에도 끄떡없이
잔잔한 출렁임도 없이 흐르더니
밤사이 기온이 영하로 내려가면서
샛강 가장자리부터 안면 마비가 오며
살얼음이 끼기 시작했다

흐름이 없는 정적
손끝으로 날려 보냈던 바람의 조각들이
칼끝이 되어 강물 표면에 박히기 시작 한다

샛강은 울음을 삼키는 여인의 치마폭이 되어
안 으로 안 으로

올 겨울 더욱
두꺼운 침묵의 살얼음을 쌓는다.

5부
그리움

성령이 비둘기 같이 하늘로서 내려와(The Spirit come down from heaven as a dove)
(20x30, oil)

그리움

목에 걸렸던 그리움이
소화 되지 않아
금식 7일째
계속 쏟아져 나온다
핏물이 되어 걸쭉하게 나온다

속을 비우니 정신이 맑아진다
스스로의 용서가 콧물과 섞여
고름 짜듯 나온다
남을 용서 하는 것 보다 더 힘들다

나도 어쩔 수 없는 여자
가슴이 쉽게 물드는 여자

안개 같은 이 세상 어디에고
그리움을 막을 자물쇠가 없다.

욕망

인간의 조건 중
욕망이란
맛있는 과자 일뿐
먹어도 되고 안 먹어도 살 수 있다

남자의 수염 같은
매일 밀어도
매일 돋아나는
안개 같은 영역

우리 삶에서 욕망을 제거한다면
정체 된 늪
흐르지 않는 호수처럼
오각을 다 빼 낸
밋밋한 삶이 될 것이다

욕망이란
삶을 풍요롭게 하는 자극제
또한
적당히 마셔야 하는
술과 같은
독성을 소지 하고 있다.

만남

안개가 안개를 만나 길을 덮고
바람이 바람을 만나 태풍이 되고

비가 비를 만나 폭우가 되고
강물이 강물을 만나 바다가 되고
바다가 바다를 만나 태평양이 된다.

인내가 인내를 만나 환희가 되고
상처가 상처를 만나 치유가 되고
기다림이 기다림을 만나 기쁨이 되고

그리움이 그리움을 만나 눈물이 되고
고통이 고통을 만나 죽음에 이르는
높은 볼륨의 영광을 누린다.

세상 문

살짝 얼은 가슴 판 위로
...사랑이 지나가고
...이별이 지나가고
가슴 시린 '시'만 토해 내놓고 간다
세상 문이 하나 둘씩 닫히기 시작 한다
덤벼들던 회오리바람들이
제풀에 꺾여 지고
세상 밖에서
문 두드리는 소리
까마득하게 들리는데....

인생의 종

학교 종이 땡땡땡
아이들이 뿔뿔이 헤어져
교실로 들어가고
땅 빼기 이긴 자의
줄 금 그어진 땅이 뎅그러니 남아 있을 뿐

열심히 가위 바위 보 하던 손가락들
홍미롭게 커진 눈동자들이
운동장 포플러 나무에 모두 걸려 있다

그렇지
인생의 종이 땡땡 치면
우리도 하던 일 멈추고
평생 모았던 재물도 손바닥 떨고
일어나 가야겠지

믿음대로 하늘이 갈라 주시는
영혼의 길로 들어서야겠지
그때 쯤 우리들 가슴은
무슨 색깔을 하고 있을까
남기고 가는 자식들
기도로 하나님께
맡기고 가야겠지...

자식

여자는 10개월 동안
운명을 키우다 잉태 한다

전혀 예상치 못한 운명을 아가가
손에 쥐고 태어난다
여자는 자식을 키우면서
진짜 사랑을 다시 배우게 된다
피를 나눈 사랑 보다
이 세상 어느 것도 진한 사랑은 없다

자식은 하나님께서 그 가정에
특히 여자에게 주신 선물이다

평생 힘들여 일해도 힘들지 않고
자식을 위해선 목숨도 아깝지 않은
이 오묘한 엄마의 자식 사랑은
엄마가 되어 보아야 안다.

나의 오른쪽 천사

어....이쿠 이 녀석이.....
닥터 박의 외마디 소리
출생하면서 닥터 가운에 오줌을 갈긴 효자

36시간의 산통 속에서
제왕절개로 탄생한 9.5 키로그람 아들 천사
이빨도 없이 배시시 웃는 아가 얼굴
어느 엄마인들 생명을 바치지 않으랴

내 혼을 다 빼가듯 크고 까만 눈동자 깜박이며
엄마를 뚫어지게 쳐다보다 다시 방그르르 웃는다
엄마 젖을 빨다 이것은 적다고
혓바닥으로 밀어내며 운다
우유 통을 들이내니 쪽쪽 빠는 힘이 보통은 넘는다
태어나서 하는 동작 하나하나 엄마 기억의 필름에...
우유를 다 먹고 배시시 또 웃는다

매일 엄마 손을 잡고 통 목욕을 즐기며
팔과 다리를 신나게 물장구치던 모습
사랑하는 나의 오른쪽 날개 천사 죤!

아들딸에게

너희들 가슴에 눈물이 마르지 않음과
소망이 있음을 감사해라
언젠가는
그 눈물도 마르고
소망은 안개처럼 사라질 날이 있음을
우리의 삶이 나그네 삶
안개와 같음 이니라

왔다가는 떠나고 있다가는 없어지고
모든 것을 손에 쥐었어도 놓을 때가 있으리니
영원한 것은 이 땅에 없으며
오로지 천국을 향한 소망뿐이니라

나 혼자 만의 믿음을 자랑 마라
믿음은 더불어 사는
이 세상을 밝게 비추이는 빛이니
믿지 않는 자를 불쌍히 여기며
내 몸 같이 이웃을 사랑 할 줄 알아야 하느니

늘 용서하며 인내하며
먼저 사랑 할 줄 알며
불쌍히 여길 줄 알며

나의 소중한 것을 내어 줄 줄 알아야 한다
그것이 참 믿음이니라.

시

나는 언제 그가 나에게 와서
소근 소근 속삭이는 천사가 되었는지 모른다

때론 긴 침묵으로 나를 견제하고
때론 불같이 타오르다 물같이 흐르게 한다
사 계절의 향기를 끌어 모아
이별과 만남의 묘약을 가르쳐 준다
잠 속에서도 옹알옹알 중얼 거리고

나는 자주 그와의 산책을 즐긴다
그는 나에게 많은 상상력과
세상을 아름답게 보는 눈을 가르쳐 준다
나는 그와 하나가 될 때
부싯돌 번쩍이는 충전을 느끼며
'시'가 탄생 한다

내가 그와 있을 때
세상의 그 어떤 아픔도
고통을 넘어 기쁨에 이르게 한다
우리의 만남은 영원히 계속 되며
가슴에 묻고 갈 다정한 연인이여.

사랑은.....

사랑은 뜨거운 눈물입니다
눈물 없이 그대를 바라 볼 수 없는
의지와 상관없이 솟아 나오는 눈물 입니다

사랑은 어쩔 수 없는 그리움입니다
촛불처럼 타오르는 가슴 위에
수많은 못을 치며 감내 하는
세상 밖 그리움 입니다

사랑은 건널 수 없는 아픔의 깊은 강입니다
살을 비집고 피를 거르며 흐르는
건널 수 없는 멈춰 지지 않는
아름다운 영혼의 강물 입니다

사랑은 외로운 바람 입니다
앙금의 밑바닥을 소용돌이치며 올라오는
힘겹게 흔들리는 하얀 바람 입니다
이제 그대의 손을 놓아 드립니다
나는 쓸쓸히 남아
떠나보낸 그리움의 그림자를 지우고 떠나겠습니다.

잊혀 진 이름

하필이면 내 가슴 바닥에 떨어진
갈 곳을 잃어버린 낙엽처럼
만질수록 부서지는 이름이 있다

때론 의지와 상관없이
솟아났던 눈물처럼

가슴 밑바닥을 소용돌이치며 올라오는
하얗게 흔들리던
바람 같던 이름 석 자

못을 박는다
떠난 자리
누구도 자리 잡지 못할
비 무장 지대

'人'

우리들 마음은 상처 받기 쉬운
꽃잎과 같아
작은 바람에도 검푸른 상처
서로의 부드럽지 않은 눈길도
깊은 상처가 된다

마음의 중심이 세상에 있으면
상처로 늘 쓸어 질 수밖에 없고

높은 하늘 우러러
주님 바라보며 살면
작은 바람은 밑에서 겉도는
먼지 같아
높이 떠있는 마음을 건드릴 수 없다

우리는 '人'의 글자 모양대로
서로 위로하고 부추겨 세워야 바로 서는
상대적 동물이다

광야 이민 45년 그 승리의 노래

- 최임선 시집 『불타는 광야』에 부쳐 -

홍 문 표

평론가 · 전 오산대 총장

최임선 시인이 이번에 그의 세 번째 시집『불타는 광야』를 상재한다. 한 평생 살면서 참으로 많은 사람들을 만나고, 헤어지고, 또 특별한 인연을 갖고, 문화적 교류도 하고, 그래서 한 시대의 어떤 흔적을 남기게 되기도 한다. 사실 나와 최임선 시인과는 한국과 미국이라는 거리인데도 문학을 통해서 알게 되었고 내가 운영하는 창조문학사에서 시집을 발간하고, 내가 직접 시집해설을 해 주게 되면서 더욱 그의 문학세계를 이해하는 관계가 되었다. 2004년 최임선 시인은 창조문학사에서 그의 첫 시집『깊은 강』을 출간하게 되었고, 그때 나는 그의 시를「실존과 자각과 자유에의 열정」이라는 제목으로 평론을 썼다. 그때 나는 그의 시세계를 이렇게 요약하였다.

최임선 시인의 이번 시집 『깊은 강』은 인간의 깊은 내면에서 직면하게 되는 실존적 자각과 이를 극복하기 위한 자유에의 염원이 열정적인 패션의 언어로 기록된 고행의 드라마다. 따라서 처음부터 끝까지 긴장과 진지함으로 독자를 엄숙하게 만든다. 그러면서도 놀라운 시적 표현이 감동을 더하고 있다.

그의 첫 시집은 이처럼 인간 존재에 대한 처절한 실존적 자각이 있었고, 그러한 존재 자각에서 벗어나려는 자유에의 열정이 있기에 나는 그의 작품세계를 고행의 드라마라고 했다.

첫 시집을 낸지 6년이 지난 2010년 다시 시집을 내겠다는 연락이 왔다. 그런데 시집 제목이 『정신병동』이란다. 그리고 이번에도 시집 해설을 부탁한다는 것이었다. 나는 시집 제목을 보고는 좀 충격을 받았다. 첫 시집도 그 내용이 주관적 존재인식이어서 너무 진지하고 무겁다는 생각이었는데, 이번에는 아예 정신병동이라니 더욱 구체적이고 주관적이라는 생각이 들었기 때문이다. 그런데 시를 모두 읽어 보고는 그의 처절한 시적 상상력의 근원을 알게 되었다.

그의 시적 소재나 주제가 그처럼 치열했던 것은 그가 바로 정신병동에 직접 근무하면서 매일 삶의 절박성과 인간존재의 부조리성에 대한 진지한 체험을 할 수 있었기 때문이었다. 그러나 그가 그처럼 치열한 현실에 있으면서도 참으로 다행했던 것은 바로, 절대자 하나님에 대한 신앙이 있었고, 거기에 더하여 그가 시를 통하여 그의 진실을 드러낼 수 있는 상상의 자유가 있었던 것이다. 따라서 그의 신앙과 그의 시는 바로 치열한 현실을 벗어나 자유로울 수 있는 한 줄기 빛이고 구원이고, 자유롭게 창공을 날을 수 있는 영혼의 날개였던 것이다. 그래서 두 번째 시집의 시세계를 「처절한 존재인식과 질서의 시학」이라 했고 이런 문장으로 요약했다.

> 최 시인에게서 시학의 진실은 미학과 조화를 이루는 질서와 조화와 견제다. 그것이 시고 사랑이고, 그리움이다. 비록 현실은 처절하고 치열하여 정신병동 같은 것이지만 마침내 하나님의 질서로 돌아오는 것이 그의 시요 그가 꿈꾸는 믿음이다.

그런데 둘째시집을 낸지 10년이 되는 2020년, 어느 날 그가 또 전화를 했다. 세 번째 시집을 내겠다는 것이고, 이번에도 시집해설을 써주어야 하겠다는 것이다. 시집을 내는 것이야, 직원들이 하는 일이니 가능한 일이나, 시집해설을 나에게 부탁하는 것은 과하지 않은가. 한 번 해설을 쓰는 것도 특별한 관계가 아니면 쓸 수 없는 것을 두 번이나 써주었는데 세 번이나 써 달라니 그건 무리란 것이다. 사실 나의 필력도 옛날이 아니다. 이제 팔순을 넘겼고, 더구나 몇 년 전 폐 수술을 하고 요양하는 처지여서 글 쓰는 것을 조심하는 형편이다. 그래서 해설을 미루다가 편집한 시집 원고를 보았더니 지난 날 정신병동 근무에서 보여준 처절한 언어가 아니라 아프리카 선교와 봉사를 위한 열정과 헌신의 노래로 전편을 채우고 있는 참으로 아름답고 복된 신앙적 간증의 찬양 시로 채워지고 있었다. 너무나 놀랍고 복된 헌신의 노래이기에 나는 또 외면하지 못하고 그의 세 번째 시집이 보여주는 이민 45년의 세 번째 노래『불타는 광야』에 대한 소감을 적기로 하였다.

최임선 시인의 이번 시집『불타는 광야』의 구성을 보면 1. 성시, 2. 성화, 3. 정신병동, 4. 계절, 5. 그리움으로 배치되었다. 그러나 총 66편 중 36편이 성시에 있는 것을 보면 이번 시의 대 주제는 바로 성시 편에 있음을 알게 된다. 그리고 2, 3, 4, 5 편의 제목들은 제 2시집에서도 낯익은 것들이어서 결국 이 시집의 핵심은 1편 성시임을 재확인 하게 된다.

그는 이번 시집의 서문에서, "이민 생활 45년 이스라엘 민족들이 오로지 여호와를 부르짖으며 40년 광야를 헤매며 살았던 그들처럼 주님이 주신 불타는 십자가를 등에 지고 살았다고 했다. 그렇다면 그가 등에 지고 살았던 주님이 주신 불타는 십자가는 무엇인가. 그야, 어머니로, 아내로, 여성으로 살아야하는 십자가 일수도 있다. 그러나 그는 이번에도 작품 '정신병동' 에서 이런 구절을 보여주고 있다.

오늘 밤
이 정글을 통과 하기위해
얼마만의 주사약과 알약이 필요할까

대낮엔 약도 식사도 거절하고 잠만 자다가
밤만 되면 이방 저 방 날뛰는 표범
밤만 되면 소리가 귀에서 계속 들린다 하여
이상한 질문을 계속하며 혼자 중얼 거리고
히죽 히죽 웃고 돌아다니는 원숭이
귀에다 워커멘 꼽고 남자 친구가 계속 전화 한다고

잠도 안자고 복도를 돌아다니는 고양이
주사 놓는데 뒷발로 걷어차는 야생말
어제 밤은 약은 안 먹고 쥬스를 내 얼굴에 끼얹고
욕지거리 하며 금방이라도 칠 듯이 덤벼들던 악어
결국 도움이들과 주사를 좋았지만

하룻밤 이 정글을 통과하여 동이 틀 때 까지
여기 저기 터지지 않고는 통과하기가 쉽지 않다

이제 20년
다만 속 끓이고 같이 터지며 견디는 것이다
부글부글 끓다보면 퇴원하게 되는
시원한 찌개도 만들어 지고

– 「정신병동」에서

사실 세상 사람들은 정신병동이라면 모두가 두려워하고 경계하는 영역이다. 그러니 그곳은 소외될 수밖에 없고, 일상에서는 늘 잊혀 진 공간일 수밖에 없다. 그렇다면 그곳은 외면해야 할 곳인가, 아니다. 누군가는 돌봐야 할 똑같은 인간 세상이다. 그러한 험지에서 그는 20년이나 봉사했고, 매일 밤 사투를 벌려야 했던 것이다. 그렇다면 그에게 주님이 주신 불타는 십자가는 바로 20년간이나 정신병동에서 봉사해야 했던 참으로 힘겨운 십자가는 아니었을까.

그는 정신병동에서 20년을 봉사하고 퇴직을 했다. 그렇다면 이제 그의 노후는 좀 여유 있는 삶의 시간을 가져야만 했다. 그동안 힘겹게 봉사했으니 마땅히 편안한 노후를 즐길 권리가 있는 것이다. 그런데 그에겐 또 다른 하나님의 계획이 있었다. 그것은 주님이 주신 또 다른 불타는 십자가일 수도 있다. 그리고 그것은 십자가 일수도 있지만 동시에 영적 부활의 영광스런 축복일 수도 있는 것이었다. 바로 아프리카 선교사역이 그것이다. 이번 시집에서 그 핵심을 이루고 있는 성시편은 바로 그가 정신병동을 퇴직하고 아프리카 선교를 위해, 몸과 마음과 물질까지 모두 바친 선교사역의 감동적인 증언이고 눈물겨운 현대판 사도행전이다.

어느 날 새벽 기도 때
머리를 딱 치시는 주의 말씀
오지에 나가 교회를 지어라

그 후 오 개월 저녁 금식으로
5가구 집을 팔고
10만 불을 교회에 봉헌 했다

새벽 기도 때 마다
십자가로 찢어지는 깊은 기쁨의 눈물 때문에
가슴을 붙들고 오랬동안 통곡의 눈물을 자제하기 힘들었다

믿음 없던 죄인을
20년간 정신병동서 훈련시키시고
가난하고 병든 자들을 긍휼히 보는 눈을 주시어
우물물 소명을 주시고
기도로 성령님을 섬기게 하시니
오 할렐루야
감사 찬송 영광을
하나님께 올려 드립니다.

-「선교기도」 전문

탄자니아 시내서 두 시간

흙먼지 이는 비포장도로를 지나
1920년 고국 강산을 연상케 하는 양철 지붕
창문 대신 구멍이 뚫어 진 가교들이
띄엄띄엄 있고
가운데 우물물이 세워져 있다

21개의 우물물
초등학교 학생들
1 만 여 개의 검은 눈동자들이
선교 팀들을 신기 한 듯 바라보며
순진하게 미소 지으며 몰려 든다
감사합니다 아싼테
너무 감사 합니다. 아싼테 싸나

하늘을 바라보니 구름 한점 없는
높고 푸른 하늘이 뿌옇게 내려 앉는다
눈물이 수돗물 처럼
내 볼을 타고 흘러 내린다

하나님께서 하신 일 중
최고 잘 하신 일
감사 찬송이
가슴 속에서 터져 나와 울려 퍼진다.

-「우물선교」 전문

그는 「선교기도」에서 이런 증언을 하고 있다. 어느 날 새벽기도 중 오지에 나가 교회를 지으라는 하나님의 계시를 받는다. 그는 5개월을 금식하다가 5가구 집을 팔아 10만 불을 교회에 헌금했다고 했다. 그것은 정말 대단한 신앙적 결단이 아닐 수 없다. 그는 십자가 은혜에 기쁨의 눈물 흘리면서 20

년 정신병동은 오히려 주님과 가까이 하는 믿음의 훈련장이었고, 그러한 십자가를 통해 가난하고 병든 자들을 긍휼히 보는 눈을 뜨게 하셨고, 죽어가는 아프리카 오지에 우물물 선교를 할 수 있게 하셨으며, 그러한 선교의 축복을 주신 것을 하나님께 감사한다고 하였다.

그는 「우물선교」에서 탄자니아에 설치한 21개의 우물물 보면서 초등학생들 일만여 검은 눈동자들이 감사합니다, 아싼테를 부르는 장면에 눈물이 수돗물처럼 내려앉는다 했다. 그리고는 하나님께서 하신일 중 최고 잘하는 일이라고, 그 보람된 선교의 영광을 하나님께 돌린다.

인생, 어찌 살 것인가, 사람들은 저마다 잘 먹고 잘살겠다고 아우성이다. 물질적으로 남보다 많이 소유하고, 많이 누리고 사는 것을 성공이라 생각하고 모두들 더 많이 소유하고 누리기 위해 제정신이 아니다. 언젠가 경제학자 조순 교수는 한국인들에겐 천민자본주의 근성이 있다고 했다. 천사처럼 벌어서 천사처럼 쓰지를 못하고, 개처럼 벌어서 개처럼 쓰는 물신주의, 한탕주의를 비판한 말이다.

그는 시집의 맨 처음 작품에서 "광야 이민 45년"이라고 했다. 이민생활을 마치 이스라엘 민족이 출애굽 하여 척박한 광야를 40년간이나 헤매다 마침내 젖과 꿀이 흐르는 가나안으로 입성한 이야기를 비유한 표현이다. 그렇다 이민 생활은 분명

낯선 세상에 도전하는 광야길 인생이 분명하다. 그러나 그러한 도전의 외로움은 최 시인에게 있어서는 더욱 하나님과 가까워 질 수 있는 계기가 되었고, 자신과 세상과 인생의 가나안이 무엇인지를 깨닫게 해 주는 시가이기도 하였다. 그리하여 정신병동 20년의 경험은 더욱 그의 영혼과 신앙을 정금으로 단련시켰고, 그러한 훈련은 마침내 아프리카 오지의 고통을 치유하는 생명의 우물선교에 참여함으로 주님십자가를 인간애의 사랑과 헌신으로 꽃을 피우게 되었다.

덧붙어 그의 광야 이민 45년 길에 늘 영혼의 단비가 되고 위로가 되어 준 두 친구가 있어 더욱 아름답고 행복할 수 있었는데 그 하나는 바로 성화작업이고 다른 하나는 시 창작 작업이다. 그는 성화와 시에 대하여 이런 시를 쓰고 있다.

주님을 사모하며
온 마음으로 그려내는 그림은
나의 목숨이 지나 가는 자리 입니다

주여
제게 생명을 주시고
사랑을 알게 하시고
걷어 가실 분도 주님이시오니

생명 끝 날 까지
찬란한 약속의 무지게 색갈로
주님의 사랑 그려 내게 하소서

이 어두운 세상
목숨 끝 태워 불 밝히 오리다
주여 나의 눈동자가 늘 주님을 닮아 가는
맑은 영혼이 되게 하소서.

-「성화를 그리며」 전문

나는 언제 그가 나에게 와서
소근 소근 속삭이는 천사가 되었는지 모른다

때론 긴 침묵으로 나를 견제하고
때론 불같이 타오르다 물같이 흐르게 한다
사 계절의 향기를 끌어 모아
이별과 만남의 묘약을 가르쳐 준다
잠 속에서도 옹알 옹알 중얼 거리고

나는 자주 그와의 산책을 즐긴다
그는 나에게 많은 상상력과
세상을 아름답게 보는 눈을 가르쳐 준다
나는 그와 하나가 될 때
부싯돌 번쩍이는 충전을 느끼며
'시'가 탄생 한다

내가 그와 있을 때
세상의 그 어떤 아픔도
고통을 넘어 기쁨에 이르게 한다
우리의 만남은 영원히 계속 되며
가슴에 묻고 갈 다정한 연인이여.

-「시」 전문

성화(聖畵)란 절대자에 대한 신앙적 감정을 그림으로 드러내는 예술행위다. 믿음이라는 내면의 감정을 가시적인, 또는 감각적인 것으로 드러내는 방법은 많다. 대표적인 기도가 있겠고, 찬양이나 신앙시, 그리고 이를 실천하는 봉사 등이 있겠는데 이를 그림으로 드러내는 데는 신앙적 경험도 중요하지만 이를 감동적으로 드러낼 수 있는 예술적 달란트가 있어야한다. 그러한 재능을 뜨거운 신앙적 감정으로 드러낼 수 있었기에 그의 삶은 더욱 풍요로울 수 있었다고 본다. 그는 자신의 성시에 대한 소망을 「성화를 그리며」에서 이렇게 적고 있다. “생명 끝 날까지 / 찬란한 약속의 무지개 색깔로 / 주님 사랑 그려내게 하소서” 그리고 내 눈동자가 늘 주님을 닮아가는 맑은 영혼이 되기를 간구한다. 따라서 그의 성화는 바로 그의 신앙적 삶의 구체적 호흡이 된다.

한편 그의 영적 삶을 지탱하는 또 하나의 영역은 바로 시와 동행하는 일이다. 그는 시를 늘 자신과 속삭이는 천사라 했다 다정한 연인이라고도 했다. 그는 「시」의 마지막에서, “내가 그와 있을 때 / 세상의 그 어떤 아픔도 / 고통을 넘어 기쁨에 이르게 한다” 그래서, 영원히 가슴에 묻고 갈 다정한 연인이라 하였다. 시는 삶을 정서적으로 풍요롭게 하고, 맑은 눈을 뜨게 하고, 영혼을 치유하는 묘약이 되기도 한다. 그러니 시와 살고 시와 죽는 시생시사(時生時死)의 태도다.

이처럼 최임선 시인의 이번 시집 『불타는 광야』는 광야 이민 45년의 삶을 총 결산하는 자전적 시집이며 하나님과 동행하며 광야를 건너 가나안에 이른 출애굽처럼 정신병동의 극한적 십자가에서 마침내 아프리카 선교에 도전하여 밝은 십자로 결실을 맺고 감사와 찬양을 드리는 승리의 대 서사시라고 해야 하겠다.

최임선 제3시집

불타는 광야

2020년 7월 15일 인쇄
2020년 7월 20일 발행

지은이 최 임 선
펴낸이 신 용 호
엮은이 홍 수 정
펴낸곳 창조문학사

서울 서대문구 홍은동 397-26 동천아카데미 5층
등록번호 제1-263호
전화 374-9011, Fax 374-5217
공급처 한국출판협동조합 전화 716-5616~9

값 10,000원
ISBN 978-89-7734-767-0